글·그림 **노은주**

한양대학교 경영대학원을 졸업한 뒤 꼭두일러스트교육원에서 그림책을 공부했고, 지금은 두 아이의 엄마이자 어린이책 일러스트레이터로 활동하고 있습니다. 쓰고 그린 책으로 《책이 스마트폰보다 좋을 수밖에 없는 12가지 이유》, 《한글이 우수할 수밖에 없는 12가지 이유》, 《학교가 즐거울 수밖에 없는 12가지 이유》가 있고, 그린 책으로는 《거꾸로 가족》, 《쌍둥이 아파트》, 《하루와 치즈고양이》, 《이상하게 매력있닭!》, 《버럭 임금과 비밀 상자》, 《공부를 해야 하는 12가지 이유》, 《외계인을 잡아라!》, 《왈왈별 토토》, 《귀뺑맘딱》, 《초등 래퍼 방탄_오디션을 점령하라!》, 《초등 래퍼 방탄_유튜브를 점령하라!》, 《초등 래퍼 방탄_학교를 점령하라!》, 《우리 사부님이 되어 주세요》, 《거꾸로 편의점》 등이 있습니다.

친구가 게임보다 좋은 12가지 이유

노은주 글·그림

1판 1쇄 2024년 7월 16일

펴낸이 모계영 **펴낸곳** 가치창조

출판등록 제406-2012-000041호
주소 경기도 고양시 일산동구 중앙로 1347 쌍용플래티넘 228호
전화 070-7733-3227   **팩스** 031-916-2375   **이메일** shwimbook@hanmail.net
ISBN 978-89-6301-353-4 73300

ⓒ 노은주 2024

- 이 책의 저작권은 저자와 가치창조 출판그룹에 있습니다.
- 저작권법에 따라 무단전재 및 복제를 금합니다.

가치창조 공식 블로그 http://blog.naver.com/gachi2012
단비어린이는 가치창조 출판그룹의 어린이책 전문 브랜드입니다.

KC 제조자명: 가치창조   제조국명: 대한민국   사용연령: 7세 이상
KC마크는 이 제품이 공통안전기준에 적합하였음을 의미합니다.

친구가 게임보다 좋은 12가지 이유

노은주 글·그림

단비어린이

작가의 말

여러분의 주위를 한번 둘러보세요.

여러분들은 친구가 많이 있나요?

저는 어렸을 때 친구를 어떻게 만나야 하는지, 어떻게 하면 친하게 지낼 수 있는지 잘 몰랐어요.

자신감 없는 나에게 먼저 다가와 말 걸어 주고, 인사해 주는 친구들이 있었기에 마음을 열고 나의 소중한 친구들을 만날 수 있게 되었죠.

가끔은 친구의 말 한마디에 상처를 받고 오해하며 멀어졌다가 다시 화해를 하기도 하고

영영 서운한 마음으로 멀어져 버린 친구들도 있어요.

친구를 잘 만나고 좋은 관계를 이어 가는 것은 결코 쉬운 일은 아니에요.

세상 사람들은 너무 다양하고 각각의 성격이 다 다르기 때문에 나에게 더 특별하고 잘 통하는 친구를 만나는 것도 쉽지 않아요.

만약 나를 있는 그대로 인정해 주고 나와 잘 맞는 친구가 생긴다면 관계를 잘 유지해 나가려는 노력이 필요해요.

마음이 외롭고 힘들 때 서로에게 위로를 건넬 수 있고 더없이 행복하고 기쁠 때 우리는 그 마음을 친구와 나눌 수 있어요.

여러분은 앞으로 소중한 친구들을 만날 수 있는 기회가 아주 많이 있어요.

더 배려하는 마음으로, 더 진솔한 마음으로

나만의 좋은 친구들을 사귈 수 있는 방법을 알아볼까요?

좋은 친구들을 만났다면 어떻게 끈끈한 우정을 유지해 나가야 할까요?

여러분들이 친구와의 소중하고 아름다운 우정을 오랫동안 유지할 수 있기를 바랍니다.

나의 소중한 친구들에게 항상 감사한 마음을 전하고 싶어요.

"나의 친구가 되어 줘서 고마워!"

노은주

"아이고 심심허다. 옥희야 놀자, 친구야 놀자."
"복희야 나 불렀어? 우리 다 모여서 함께 놀까?"
"친구들아 다 모여라! 함께 놀자!"

"저는 친구가 없어요. 친구는 귀찮아요."
"어제 친구랑 싸웠어요."
"친구가 뭐예요?"
"게임이 훨씬 더 재미있어요."
"나도 나도……."

"뭐? 친구는 없고 게임만 좋다고? 이런, 이런…….
물론 게임도 재미있고 좋지만 우리가 해 주는 친구 이야기 한번 들어 볼래?"
"친구는 말이지…… 우리의 인생에 선물 같은 존재란다.
친구가 얼마나 소중한지 같이 그 이유를 찾아 보자고."
"모두 함께 출발~!"

"이보시오~ 나도 데리고 가시오. 나도 할 말이 많다오. 미야옹~."

1. 친구는 와이파이와 전기가 없어도 놀 수 있어

"게임은 전기가 없거나 충전이 안 되면 끝나지만 친구는 와이파이도 전기도 필요없단다."

"친구는 계속 놀 수 있지. 나는 사탕 하나면 충전 완료! 놀 준비 완료!"

사람들은 태어나면서부터
평생을 서로 어울리며 살아가지.
우리 주변에는 늘 사람들이 함께 있어.
우리가 100살까지 산다면 100년 동안
많은 사람들을 만나고 알게 되겠지.
그 사람들 가운데 나와 마음이 잘 통하고
더 친하게 지낼 수 있는 사람들을 친구라고 해.

"친구는 곁에 오래 두고 가까이 사귄 소중한 사람을 말하는 거란다."

친구(친할 친親, 옛 구舊)라는 말은 오래 두고 가깝게 사귄 벗이라는 의미예요.
한글로는 동무, 벗이라는 단어가 있지요. 미야옹~.

2. 친구는 어릴 때 만나면 더 좋지

어린 나이부터 게임을 시작하게 되면 정서적인 발달과 사회성에 문제가 생길 수 있어.
사람을 통해 언어를 배우고 놀이를 통해 두뇌를 발달시키는 것이 아주 중요한 시기거든.
친구들과 함께 놀면서 사회성을 배우고 감정을 나누며 정서를 발달시키는 게 필요하지.
어려서부터 게임에 많이 노출되지 않도록 조심해야 해.

"친구는 아주 어릴 때부터 사귈 수 있어. 우리처럼 말이야."
"어릴 때 만난 친구일수록 우정은 더 깊고 끈끈하지. 호호."

복희와 옥희 할매는 죽마고우!
죽마고우(대 죽竹, 말 마馬, 옛 고故, 벗 우友)
대나무 말을 타고 놀던 옛 친구라는 뜻으로, 어릴 때부터
가까이 지내며 함께 자란 친구를 이르는 말이지요. 미야옹~.

3. 친구는 중독의 위험이 없어

하루 종일 게임만 생각나고

하루라도 게임을 안 하면 불안하고

게임과 현실을 구분 못하고

게임 시간 통제는 안 되고

일상생활은 지루하며

게임이 없으면 못 살 것 같고

게임을 할 때만 행복을 느끼며

주변 상황에는 관심이 없고

모든 것이 게임으로 보이고

이런 상태라면 여러분은 게임 중독이라는 병에 걸렸는지 확인이 필요하지요.

게임 중독은 게임에 심각하게 빠져서 스스로 조절이 불가능한 정도의 상태가 된 것을 말해.
이 상태가 되면 산만해지고 집중력이 떨어지며 심각할 때는 우울증도 올 수 있어.
어린 나이일수록 자극적인 게임에 몰입하게 되면 일상생활에서
즐거움을 느끼기가 어려워지지.
중독 증세는 쉽게 나아지지 않기 때문에 치료가 필요해.
친구에게 중독되기는 어렵지만 가끔 친구를 유독 좋아하는 사람들이 있지.
친구를 많이 좋아한다면 먼저 배려하는 태도가 꼭 필요해.
사람과의 관계는 서로 배려하면서 소통할 때 잘 유지될 수 있거든.

게임이든 친구든 과유불급이요!
과유불급(지나칠 과過, 오히려 유猶, 아닐 불不, 미칠 급及)
어떤 것이든 정도를 지나치면 오히려 부족한 것보다 못하다는 뜻으로
무엇이든 적당한 것이 좋다는 의미이지요. 미야옹~.

4. 친구는 내 편이 되어 주지

게임은 글자와 목소리만으로 대화를 하기 때문에 화를 내거나 나쁜 말을 사용하기가 쉬워.

가끔은 남을 속이기도 하고, 남탓을 하거나 상대를 비난하는 경우도 있어.

직접 보지 않고 의사소통을 하니 서로의 말을 잘못 이해하고 오해가 생겨 감정이 상하기도 해.

살다 보면 억울하게 의심을 받을 때가 가끔 있지.
이럴 때 나를 믿고 내 편을 들어주는 친구들이 있다면 얼마나 든든할까?
내 편이 되어 주는 친구들이 있다는 것은 정말 감사한 일이야.

친구와 친구 사이에는 뭐니뭐니 해도 붕우유신!

붕우유신(벗 붕朋, 벗 우友, 있을 유有, 믿을 신信)

친구와 친구 사이에는 믿음이 있어야 한다는 말이지요. 미야옹~.

5. 우리가 힘들 때 친구는 위로가 되기도 해

우리는 마음이 힘들고 괴로울 때 기분을 전환하기 위해 게임을 할 때가 있지.
물론 게임은 그 순간의 괴로움을 잊게 하고 즐거움을 주기도 해.
하지만 게임을 멈추고 현실로 돌아오면 우리는 다시 힘든 상황을 마주하게 되지.
누구나 살아가며 크고 작은 어려움이 생기는데
우리가 그 순간들을 지혜롭게 넘어간다면 더 멋진 사람으로 성장할 수 있어.
게임은 우리가 겪는 어려운 순간을 잠시 잊게 할 뿐이야.

"너희들은 언제 가장 힘들었니?"

친구와 싸울 때요.  / 엄마께 잔소리 들을 때요.  / 우리집 삐삐가 아플 때요.  / 시험을 망쳤을 때요.

선생님께 꾸중을 들을 때요.  / 마음이 외롭고  / 세상에 나 혼자인 것 같고.  / 울고 싶어질 때요.

피부에 상처가 나면 우리는 소독을 하고 약을 바르고 낫기를 기다리지.
친구가 마음이 다쳤을 땐 우리의 따뜻한 마음과 표현이 친구를 낫게 하는 약이 될 수 있어.
"친구를 위로해 줄 수 있는 말은 뭐가 있을까?"

관중과 포숙 이야기

관중과 포숙은 어릴 적부터 서로 믿는 친구였지요.
성인이 된 관중은 벼슬길에 나갔다가 번번이 떨어지고, 싸움터에 나가 모두 패하고 도망쳤지만
친구인 포숙은 관중을 이해하고 품어 주었어요. 둘이 함께 장사를 할 때는
가난한 관중이 더 많은 몫을 챙겨 가도 포숙은 비난하지 않았고
곁에서 묵묵히 이해해 주었습니다. 나중에 관중은 이런 말을 남겼어요.
"나를 낳은 이는 부모님이지만 나를 알아준 이는 포숙이다."
어렵고 힘들 때도 나를 인정해 주고 위로하는 친구가 진정한 친구이지요.

어려울수록 "관포지교"를 나눌 친구가 필요하지요. 미야옹~.

관포지교 (피리 관管, 전복 포鮑, 조사 지之, 사귈 교交)

관중과 포숙의 사귐이란 뜻으로, 변하지 않는 친구 사이의 두터운 우정을 이르는 말이지요.

6. 친구는 서로에게 용기를 주지

게임 안에서 우리는 더 강하고 더 힘이 세지.
하지만 현실로 돌아오면 우리의 모습은 달라.

어두운 밤길을 함께 걸으면 우리는 무섭지 않아.

처음 무언가를 배울 때 친구는 나에게 용기를 주지.

두려운 순간에 친구와 함께 있다면 우리는 더 용감해지기도 해.

실제로 있었던 뉴스를 전하겠어요. 미야옹~.

단비일보

〈우리 주변의 용기 있는 친구들 이야기〉

③ 비탈진 길에서 아기 엄마가 유모차를 놓쳤어요. 지나가던 친구들이 힘을 모아 미끄러지는 유모차를 붙잡았죠. 아기는 무사했고 아기 엄마는 감사함을 전했어요.

① 초등학생 친구들이 길을 가다 불이 난 것을 목격했어요. 주위를 둘러봐도 어른이 없자, 근처의 가게에서 소화기를 가져와 학교에서 배운 방법으로 불을 껐답니다. 친구들의 용기로 큰불을 막을 수 있었어요.

④ 작은 가게에서 불이 났어요. 가게를 지키고 있던 할아버지는 연기를 마시고 쓰러졌지요. 지나다 그 모습을 본 젊은 청년 친구들이 할아버지를 구했답니다.

② 폐지가 가득 담긴 할머니의 수레가 비탈길에서 뒤로 미끄러지고 있었어요. 그걸 본 친구들이 다같이 달려가 할머니의 수레를 잡고 밀어 주었어요. 할머니는 안전하게 언덕길을 오를 수 있었지요.

"길동무가 좋으면 먼 길도 가깝다"라는 말이 있지요. 미야옹~.
서로 마음이 통하는 친구와 함께한다면, 무엇을 하든 신이 나고 힘도 덜 든다는 뜻이지요.

7. 친구와 함께라면 어디든지 재미있게 갈 수 있어

게임을 할 때 오랫동안 앉아서 화면에 집중하게 되는데
장시간 앉아 있는 자세는 신체의 발달과 건강에 좋지 않아.
근육량도 줄어들고 척추 모양이 비틀어져 자세도 나빠지거든.
또한 화면에서 나오는 블루라이트에 장시간 노출된다면 멜라토닌이 감소해 잠을 잘 못 자게 돼.
충분히 자야 성장 호르몬이 분비되고 키가 크는데, 잠이 부족하면 성장도 더디게 되겠지.

"너희들은 아직 모르지? 친구랑 여행 다니는 게 얼마나 꿀잼인지!"
"그걸 알면 게임은 끝이지. 오~예!"

애들아 밖으로 나와 봐. 세상에는 볼 것이 아주 많아~

오예~
와~

강, 바다, 산, 공원, 동네, 시장, 도서관, 가게들…….
친구와 세상을 둘러보고 여행을 하면 재밌고
신기한 경험을 많이 할 수 있어.
다양한 경험을 통해
우리의 시야는 더 넓어지고 생각은 깊어지지.
꼭 먼 곳으로 떠나지 않더라도
함께 동네를 산책하고 공원을 걷고
시장을 구경하는 것도 좋아.
친구와 함께라면 우리는
어디든 재미있게 다닐 수 있지.

물고기
물

복희와 옥희 할매는 물과 물고기 같은 관계이지요.
그걸 바로 **수어지교**(물 수水, 물고기 어魚, 갈 지之, 사귈 교交)라고 하지요.
매우 친밀하게 사귀어 떨어질 수 없는 사이를 말해요. 미야옹~.

8. 친구와 함께 추억을 공유할 수도 있지

친구와 함께 시간을 보내면 재밌기도 하고, 나중에 꺼내 볼 수 있는 추억도 쌓여.
물론 게임도 같이 하면 추억이 될 수 있을지 몰라.
하지만 우리의 뇌는 말하고 느끼고 신체 활동을 하는 경험을 더 잘 기억한다고 해.

햇빛 반짝 맑은 날이 있고

비가 보슬보슬 흐린 날이 있고

꽃향기 가득 봄이 오고

뜨거운 여름이 오고

바람 시원한 가을이 오고

눈 송이송이 겨울이 오지.

우리는 언젠가 어른이 돼. 다시 어린이가 되고 싶어도 절대 돌아올 수 없지.

그 소중한 어린 시절의 추억은 어른이 되어 어떤 삶을 사느냐에 큰 영향을 미쳐.

그 시간들을 게임을 하며 보내는 게 좋을까, 친구들과 신나고 재미있는 추억을 쌓는 게 좋을까?

친구와의 좋은 추억들을 많이 간직할 수 있는 방법이 뭐가 있을까?

친구와 함께 타임캡슐 만들고 10년 후에 꺼내 봐요~

서로에게 편지, 카드 써 주기.

재미있는 영화나 책은 같이 보고 기록해요.

함께 여행을 가요.

친구와 사진을 찍어서 보관해요.

친구와 서로 소중한 물건을 교환하고 간직해요.

어릴 적부터 추억을 공유한 친구들은 지기지우가 될 수 있어요.
지기지우(알 지知, 몸 기己, 갈 지之, 벗 우友)란
나를 잘 아는 벗, 마음이 통하는 벗을 말하며
서로 말하지 않아도 눈빛만 봐도 마음이 통하는 친구 사이를 말해요. 미야옹~.

9. 친구를 통해 많은 것을 배우지

"게임을 하다 보면 너무 재미있어서 시간 가는 줄 몰라요."
"난 게임은 쉬지 않고 하루 종일 할 수도 있어요."
"좋은 아이템을 받으려면 더 열심히 해야 해요."
게임에는 레벨이 있지. 그 레벨이 성취욕을 자극하고, 게임을 계속 하게 만드는 큰 동기가 돼.
같은 게임을 하는 친구들 사이에선 레벨이 높은 친구가 부러움을 한몸에 받기도 하고.
그런데 게임이 끝나고 현실로 돌아오면 어때?
게임 하느라 보낸 시간 때문에 살아가는 데 필요한 많은 것들은 잘 못 배울 수 있어.
그러니까, 게임이 우리 삶의 레벨을 높여 주지는 못한다는 거지.

나는 친구와 "지란지교"를 꿈꾸지요.
지란지교(지초 지芝, 난초 란蘭, 어조사 지之, 사귈 교交)는
난초처럼 향기로운 사귐이라는 뜻으로,
좋은 영향을 주고받는 아름다운 교제를 뜻하는 말이에요. 미야옹~.

10. 친구와 함께라면 할 수 있는 게 많아

"게임 안 하면 놀 게 없어요."
"우리가 할 게 뭐가 있죠?"
"심심해서 게임하는 거예요."

잠깐, 친구만 있다면 우리는 많은 것을 함께 할 수 있어.
다 같이 생각해 볼까?

맛있는 건 함께 나눠 먹고    함께 숙제하고    신나게 노래하고

산책을 하고 운동을 하고 많은 이야기를 나누지.

영화를 보며 울고 웃고

재미있는 책을 보고    밤하늘의 별을 세기도 해.

물론 우리는 함께…… 게임도 한단다.

서로 같이 신나게 놀아 봐야 호형호제 하면서 지낼 수 있어요.
호형호제(부를 호呼, 형 형兄, 부를 호呼, 아우 제弟)란
서로 형 또는 아우라고 부를 만큼 아주 가까운 친구 사이를 이르는 말이지요. 미야옹~.

11. 친구는 서로에게 소중한 존재야

한때 나에게 소중했던 게임도 쉽게 흥미를 잃고 그만둘 때가 있지.
게임은 나에게 재미를 주지만 소중한 존재가 되어 줄 수는 없어.
그런데 친구는 게임과 달라 서로에게 소중한 존재가 되어 줄 수 있어.

"너희들을 응원할 거야! 화이팅!"

"모두에게 고마워!"

"내가 다 도와줄게~"

"우리 언제까지나 함께하자!"

도움이 필요할 때는 기꺼이 마음을 다해 도와줄 수 있는 친구가 되어 주고
배려와 믿음으로 우리의 우정은 더욱 더 깊어지고 단단해지지.
소중한 친구를 얻기 위해서는 내가 먼저 더 노력해야 해.

나의 소중한 친구는 금석지교!
금석지교(쇠 금金, 돌 석石, 어조사 지之, 사귈 교交)
쇠와 돌은 쉽게 변하지 않지요.
늘 단단하고 변함이 없는 친구 사이의 우정을 말하지요. 미야옹~.

12. 친구는 함께 성장하며 역사를 만들어 가지

이 세상의 많은 사람 중에 나와 함께 인생을 걸어가 주는 소중한 사람이 바로 친구야.
우리는 함께 울고 웃고 성장하며 우리만의 역사를 만들어 가고 있어.
서로에게 마음을 다해 쌓인 시간만큼 우리의 우정은 더 단단해지고 강해지지.
우리의 우정은 열 살, 스무 살, 서른 살…… 백 살까지 쭈욱 이어질 거야.

서로의 다름을 인정하고, 있는 그대로 받아준다면
우리는 서로에게 모두 소중한 친구야.

아주 옛날부터 내려오는 친구들 이야기 들어 볼래?

오성과 한음

오성과 한음 이야기로 잘 알려진 이항복과 이덕형은 나이가 다섯 살 차이 났지만 어릴 적부터 우정을 간직한 친구 사이였어. 어릴 적에는 서로 장난도 많이 쳤지만 커서는 함께 과거 시험에 합격하고 나라와 백성을 보살피는 일에 앞장서기도 했어. 오성과 한음의 이야기는 오늘날까지 이야기로 다양하게 전해지고 있지.

세종과 장영실

한글을 창제하신 세종 대왕과 천재 과학자 장영실은 왕과 신하의 신분이었지만 서로 이해하고 지지해 주었지. 사대부들의 반대를 무릅쓰고 홀로 외로이 한글을 연구하던 세종 대왕에게 장영실은 늘 든든한 지원군이었지. 장영실 또한 자신의 능력을 알아봐 준 세종 대왕이 있었기에 조선의 과학자, 발명가로서 뛰어난 업적을 남길 수 있었고, 그가 만든 혼천의(천문관측기구), 자격루(물시계), 앙부일구(해시계), 측우기(강수량 측정기) 등은 조선의 과학 발전을 이끌었어. 이런 업적은 모두 왕과 신하 이상의 우정이 있었기에 가능했어.

윤동주와 송몽규

윤동주와 송몽규는 우리나라의 독립운동가이며 시인이자 문인이야. 이 둘은 고종사촌 형제로 어린 시절부터 학창 시절까지 함께 자랐고, 일본으로 유학을 간 후에 같은 죄목과 사건으로 체포되어 감옥에서 생을 마감했어. 조용하고 부끄러움이 많은 윤동주와 활동적이며 리더십이 강한 송몽규는 성격이 달랐지만 평생을 곁에서 지켜보는 동반자로 살았어. 사촌지간이었지만 이 둘에겐 끈끈한 우정이 있었지.

프랑스의 화가인 밀레와 루소의 이야기는 많은 사람들에게 전해지고 있어. 밀레의 작품이 팔리지 않아 경제적으로 어려울 때, 루소가 찾아와 밀레의 그림을 사려는 이가 있다고 하며 돈을 주고 그림을 구입했어. 밀레는 자신의 그림이 누군가에게 인정받았다는 생각에 용기를 얻어 더 그림에 몰두할 수 있었지. 몇 년 후 밀레의 그림은 호평을 받고 비싸게 팔리기 시작했어. 어느 날 루소의 집에 가게 된 밀레는 몇 년 전 누군가에게 팔았던 그림을 보게 되었지. 루소는 밀레의 자존심을 지켜 주기 위해, 자신이 그림을 산다는 걸 밝히지 않았던 거야.

밀레와 루소

프랑스의 색채화가로 뛰어난 앙리 마티스와 프랑스에서 활동한 천재 화가 파블로 피카소는 스승과 제자 관계였지만 견제하는 라이벌 관계가 되기도 했어. 서로에게 끊임없이 영감을 주고 열정이 식지 않도록 자극을 주는 관계였지. 마티스는 죽기 전 피카소의 그림에 찬사를 보냈고, 피카소는 그의 죽음으로 큰 슬픔을 느끼며 〈캘리포니아 화실〉이라는 그림을 그려 그를 애도했다고 해. 서로에게 영감을 주고받는 경쟁의식 속에서도 우정이 존재했다고 볼 수 있지.

마티스와 피카소

영국의 정치가 윈스턴 처칠은 어린 시절 호수에서 수영을 하다가 위험에 빠졌어. 처칠은 살려 달라고 소리를 쳤지. 가난한 농부의 아들이었던 알렉산더 플레밍은 그 소리를 듣고 그를 구해 주었지. 이 인연으로 둘은 친구가 되었고 편지를 주고 받으며 우정을 키웠어. 성장하여 플레밍은 의사가 되고 싶었지만 집안이 가난해서 학비를 낼 형편이 안 됐어. 처칠은 그의 사정을 알고 아버지에게 부탁했고, 플레밍은 그 도움으로 의대를 갈 수 있었어. 플레밍은 페니실린이라는 기적의 약을 만들어 1945년 노벨 의학상을 받게 되었어. 어릴 적 시작된 둘 사이의 우정은 서로를 성장하고 발전할 수 있게 해 주었지.

플레밍과 처칠

복희와 옥희의 특별 보따리, 새 학기 새 친구 만들기 꿀팁!

심리학 용어에 라포(Rapport)라는 말이 있어.

프랑스어의 '다리를 놓다'라는 말에서 나온 건데, 사람과 사람 사이에 생기는 친밀한 신뢰 관계를 뜻하지.

상대방의 감정과 생각을 이해하고 공감해 주면 처음 보는 사람들과도 친밀한 관계를 만들 수 있지.

친밀감 만들기

1. 좋은 인상을 주는 표정 만들기
미소 발사~
(김치~ / 좋지~)

2. 친구의 눈을 보고 집중하기
(그런데 말야~ / 뭐야? 뭐야?)

3. 친구의 말에 공감하며 잘 들어 주기
(아 그랬구나~ / 역시! 대단하다!)

4. 서로의 공통점을 찾아보기
좋아하는 동물, 책, 영화, 운동, 음악
→ 우리가 좋아하는 것들

5. 좋은점을 찾아 칭찬해 주기
너는 마음이 따뜻한 친구야!
모자 예쁘다~
가방이 귀엽네~

온라인으로 친구 사귀기

인터넷을 사용하면서 우리는 온라인 상에서도 친구를 만날 수 있어.

'랜선 친구'라는 말 많이 들어 봤지?

전 세계 사람들은 소셜 네트워크 서비스를 통해 지구 반대편의 사람과도 연락하고 친구가 될 수 있어.

하지만 직접 만나지 않기 때문에 조심해야 할 부분들이 있어.

온라인 친구를 대할 때 주의할 점!

① 상대방을 쉽게 믿지 마. ② 나의 개인정보는 절대 비밀이야! ③ 만나자고 하면 반드시 부모님께 먼저 알려.

내 마음이 헷갈릴 때 해 보는 **친구 찾기** 체크리스트

나와 마음이 잘 맞는 친구 찾기

1. 나를 지지해 주고 용기를 준다.	
2. 내가 어렵고 힘들 때 진심으로 위로해 준다.	
3. 나의 이야기를 진지하게 잘 들어 준다.	
4. 나의 잘못된 행동을 솔직하게 말해 준다.	
5. 나와 다른 사람들 모두에게 친절하다.	
6. 늘 솔직하고 거짓말을 하지 않는다.	
7. 내 비밀을 절대 다른 사람에게 말하지 않는다.	
8. 같이 있으면 재미있고 기분이 좋다.	
9. 내가 보고 배울 점이 많이 있다.	
10. 항상 긍정적인 말과 행동을 한다.	

10개~8개: 우리는 최고의 친구

7개~5개: 우리는 좋은 친구

4개~1개: 우리는 그냥 아는 친구

정리해도 되는 불편한 친구 찾기

1. 작은 일에 자주 갈등이 생긴다.	
2. 본인이 필요할 때만 나를 찾는다.	
3. 나를 이용한다는 생각이 든다.	
4. 나를 무시하거나 기분을 상하게 한다.	
5. 공감할 이야기가 없고 만나도 즐겁지 않다.	
6. 내 뒤에서 나의 이야기를 멋대로 한다.	
7. 부정적인 말과 행동을 자주 한다.	
8. 나에 대해서 자주 지적을 한다.	
9. 같이 있으면 부정적인 표현을 많이 하게 된다.	
10. 주변 친구들에게 거짓말을 한다.	

10개~8개: 우리는 서로 안 봐도 되는 친구

7개~5개: 우리는 적당한 거리가 필요한 친구

4개~1개: 우리는 그냥 아는 친구

친구의 부탁을 거절하는 방법

모든 친구들의 부탁을 다 들어줄 수는 없어.
내가 상대방의 요구를 들어주고 싶지 않을 때는 거절할 줄도 알아야 해.
하지만 친구의 부탁을 거절하는 것은 결코 쉬운 일이 아니지.
친구가 서운하게 느낄까 봐. 사이가 멀어질까 봐 걱정이 되는 것도 사실이야.
하지만 그렇다고 거절하지 않고 다 들어주면 내가 힘들어지거든.
친구란 서로 이해하고 도움이 되는 관계여야지 힘든 관계가 되면 오래갈 수 없어.
그렇다면 내가 원치 않는 일이나 할 수 없는 일을 친구가 부탁할 때,
지혜롭게 거절하는 방법은 뭘까?

1. 부탁을 못 들어주는 것에 대한 미안한 마음 표현하기
2. 이유는 솔직하게 말하기
3. 대안이 있다면 생각을 말하기

가스라이팅 이란?

다른 사람의 마음과 상황을 교묘하게 조작하고 이용하여 서로가 수평적인 관계가 아닌 한쪽의 지배와 통제로
억압당하는 상황을 말해. '가스라이팅'은 《가스등(Gas Light)》(1938)이라는 연극에서 유래된 용어야.
가스라이팅은 밀접하고 친밀한 관계에서 이뤄지는 경우가 많아.
상대방의 자존감과 판단 능력을 잃게 만들어 정신적으로 더 약하게 만들고
가해자에게 더 의존하게 만드는 방법이야.
가스라이팅은 서서히 이뤄지기 때문에 이것을 인지 못하는 사람들도 많아.

가스라이팅 상황

친구에 관한 명언들

아리스토텔레스

그리스의 철학자이며 플라톤의 제자로 서양 철학사에서 가장 중요한 역할을 한 위인이야. 모든 분야에 기초를 마련한 철학자이며 지금까지도 현대인에게 큰 영향력을 미치고 있지.

친구들에게서 기대하는 것을 친구들에게 베풀어야 한다.
불행은 진정한 친구와 아닌 자를 가려 준다.
많은 벗을 가진 사람은 한 사람의 진실한 벗을 가질 수 없다.
모든 것을 가졌다 해도 친구가 없다면, 아무도 살길 원치 않을 것이다.
나의 가장 좋은 친구는 나를 위해 내가 잘되길 바라는 사람이다.
우정은 천천히 익어 가는 과일이다.

버트런드 러셀

영국의 수학자, 논리학자, 철학자, 교육자였으며 반핵, 반전을 주장한 사회운동가였어. 1950년에 노벨문학상을 수상했지.

좋은 친구가 생기기를 기다리는 것보다 스스로가 누군가의 친구가 되었을 때 행복하다.

헤르만 헤세

독일 태생의 스위스인 문학가이자 예술가야. 대표작으로 〈데미안〉, 〈싯다르타〉, 〈유리알 유희〉, 〈수레바퀴 아래서〉 등이 있어. 1946년에 노벨문학상을 수상했어.

인간이 육체를 가진 이상 애정은 언제나 필요하다.
그러나 영혼을 깨끗하게 하고 성장케 하는 데는 우정이 필요하다.